Mi Gran Libro de experimentos

Copyright © SUSAETA EDICIONES S.A, Spain
Korean translation copyright © Noonkoip Publishing(Red Stone) 2021
This Korean edition was published by agreement with SUSAETA EDICIONES S.A
through The ChoiceMaker Korea Co.

이 책의 한국어판 저작권은 초이스메이커코리아를 통해 저작권사와의
독점 계약으로 (주)눈코입(천문장/레드스톤)에 있습니다.
저작권법에 의해 한국 내에서 보호를 받는 저작물이므로
무단전재와 무단복제를 금합니다.

시작하기 전에 꼬마 과학자에게 해 주고 싶은 도움말!

우리 친구들 손에 있는 이 책은 실험책이에요.
이 실험들은 인류 역사상 사람들이 편리한 생활을 하는 데 큰 도움이 되었어요.

많은 과학자가 다른 사람들을 위해 기꺼이 위험을 무릅썼어요.
질병을 치료하기 위해서, 더 안전한 집을 짓기 위해서,
우주여행을 하기 위해서, 모두 더 잘 살기 위해서 과감하게 모험한 거죠.
그들 덕분에 인류는 지금까지 눈부시게 발전했어요.

하지만, **과학자가 되어서 실험하는 일은**
비밀스럽고 위험해요. 따라서 우리 친구들이
책을 읽고 실험하기 전에 몇 가지 해 줄 말이 있어요.

도움말 1

꼭 실험에 알맞은 옷을 입어요.
실험하다 보면 옷이 지저분해지거든요.

도움말 2

어른의 도움이 필요한 실험이 많아요.
어린이가 혼자 다룰 수 없는 재료들이 있거든요.

도움말 3

필요하면 보호 장비를 사용해요.
필요하면 망설이지 말고 보호안경이나
장갑을 사용하세요.

도움말 4

화상을 조심해요.
높은 온도에서 하는 실험이 있어요.
절대 재료를 손으로 직접 만지지 말고,
어른에게 부탁하세요.

도움말 5

인내심을 가져요.
'인내심은 과학의 어머니'예요.

도움말 6

알맞은 그릇을 사용해요.
단, 어른 허락 없이 부엌에서 가져오지는 마세요.
사용할 수 없는 그릇도 있으니 꼭 먼저 어른에게 물어보세요.

도움말 7

마음을 열어요. 과학적인 생각이란
당연하다고 그냥 넘어가지 않는 거예요.
계속 조사하고 아주 자세히 관찰해야 해요.

도움말 8

그리고 무엇보다도 가장 중요한 점이 있어요.
아주 즐겁게 하는 거죠.

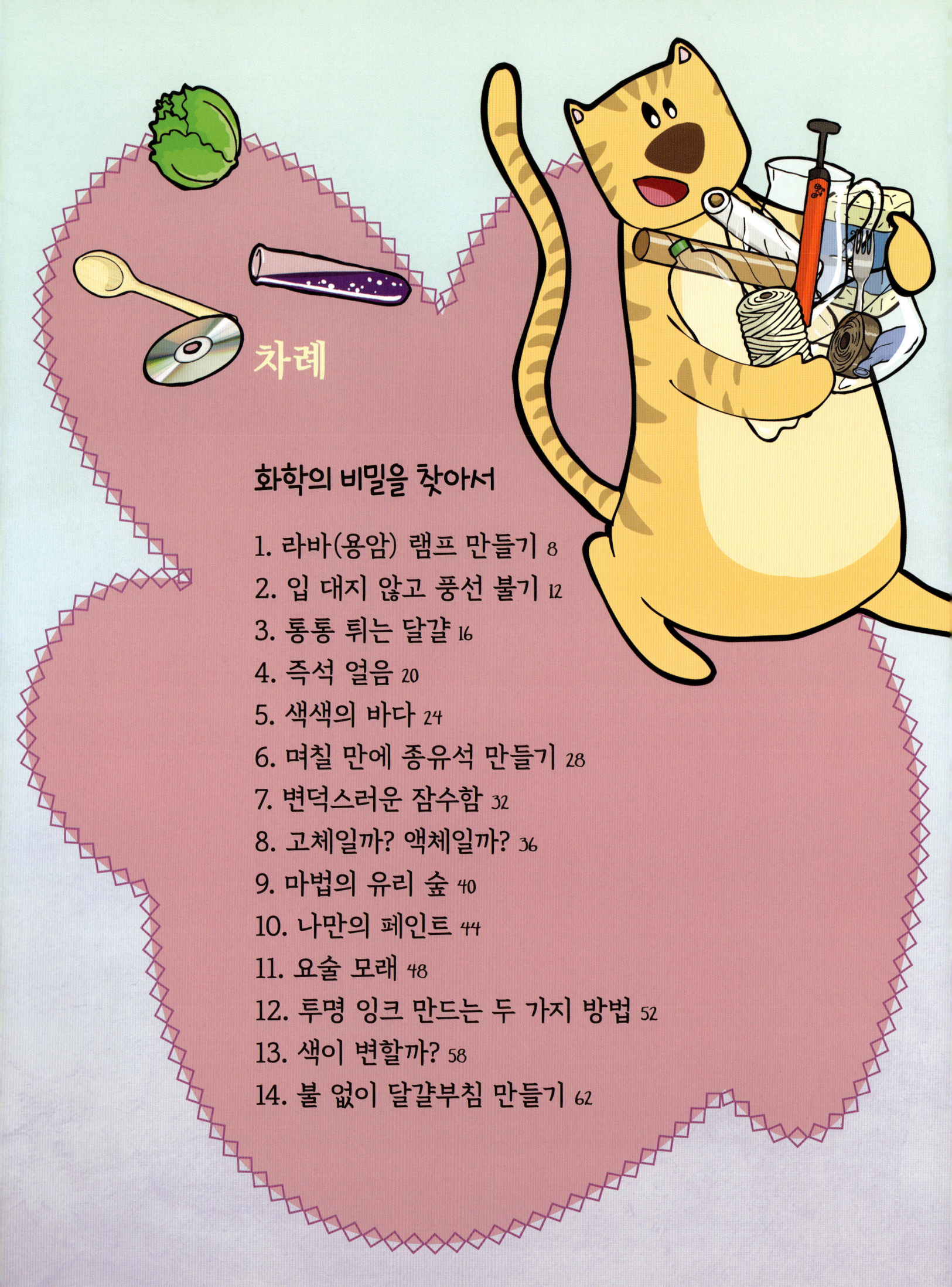

차례

화학의 비밀을 찾아서

1. 라바(용암) 램프 만들기 8
2. 입 대지 않고 풍선 불기 12
3. 통통 튀는 달걀 16
4. 즉석 얼음 20
5. 색색의 바다 24
6. 며칠 만에 종유석 만들기 28
7. 변덕스러운 잠수함 32
8. 고체일까? 액체일까? 36
9. 마법의 유리 숲 40
10. 나만의 페인트 44
11. 요술 모래 48
12. 투명 잉크 만드는 두 가지 방법 52
13. 색이 변할까? 58
14. 불 없이 달걀부침 만들기 62

물리의 비밀을 찾아서

1. 춤추는 국수 68
2. 동전을 삼키는 빛 72
3. 병 속의 구름 76
4. 구름 다음에... 비 80
5. 몇 개나 들어갈까? 84
6. 오른쪽부터 그리고 거꾸로 88
7. 불가능한 균형 92
8. 할 수 있다? 없다? 96
9. 제트 로켓 100
10. 붙어 버린 막대 104
11. 물이 올라오네... 108
12. 추진 우주선 112

라바(용암) 램프 만들기

액체가 들어 있는 램프를 본 적 있나요?
그 액체가 서로 섞이지 않고 움직여요!
집에 있는 재료들로 이런 램프를 만드는 법을
알려 줄게요.

놀라운 결과
- 집에 있는 재료만으로 라바 램프를 만들 거예요.

준비물
- 투명한 물병(또는 투명 주전자) 1개
- 가장 좋아하는 색의 템페라 물감 1통
  (예: 학교에서 색칠할 때 쓰는 물감)
- 요리할 때 쓰는 식물성 기름 2컵 (예: 콩기름)
- 물 2컵(또는 물병의 1/3 정도 양의 물)
- 발포정(예: 물에 넣으면 거품이 생기는 비타민) *

***주의!**
어린이는 약을 다루면 안 되니까 필요한 경우,
어른에게 달라고 부탁하세요.

실험하기

1 단계
먼저 물병에 물을 부어 주세요.

2 단계
그 안에 물감을 넣고 저어 주세요.

3 단계
마지막으로 그 안에 기름을 넣어 주세요.

4 단계
이제 기름이 물 위에 뜰 때까지 기다리세요. 아는 것처럼, 기름과 물은 밀도 차이 때문에 서로 섞이지 않아요. 그래서 기름은 항상 물 위에 뜨죠. 그러니까 조금만 참고 기다리면, 물(물감 색으로 변함)은 아래에 있고, 기름은 물 위에 뜰 거예요.

5 단계
물과 기름이 잘 나뉘었다면, 이제 **라바 램프 만들기**가 거의 완성된 거예요. 이제 발포정만 넣으면 끝이에요. 그것을 안에 넣으면 기름과 섞이지 않는 색깔 거품이 떠오를 거예요. 멋진 결과가 나타나죠.

왜 이런 일이 생길까요?

말하자면, 기름과 물의 분자는 서로 사이가 좋지 않아요. 그 둘을 섞으려고 하면 서로 밀어내거든요. 기름과 친해서 잘 섞이는 '친구'는 다른 기름이나 왁스예요. 물론 물과 친한 친구도 있는데 아크릴 물감, 설탕, 식초, 소금이에요.

그래서 이런 실험을 할 수 있는 거예요. 그리고 발포정은 물과 만나면 거품이 생겨요. 그래서 물감에 물든 거품이 솟아오르는데, 모양이 아주 다양하고 예뻐요. 그러다가 그것이 기름과 만나면 다시 아래로 내려가죠. 그래서 이 실험의 결과 발포정의 거품이 위로 분출되는 화려한 화산처럼 보여요.

과학적 호기심

인도네시아의 크라카토아(Krakatoa) 화산은 1883년에 4개월 이상 폭발했어요. 마지막으로 폭발했을 때는 섬이 산산조각이 났죠. 그 힘이 원자 폭탄보다 10,000배나 더 컸거든요. 소음도 4,000km 이상의 거리에서도 들릴 정도로 어마어마했어요.

입 대지 않고 풍선 불기

놀라운 결과
◎ 입을 대지 않고도 풍선을 불 수 있어요! 어떻게 가능하냐고요? 때로 화학은 마술 같아요.

준비물
◎ 요리할 때 쓰는 베이킹 소다 4큰술
◎ 식초 1컵
◎ 페트병 1개
◎ 풍선 1개
◎ 깔때기 1개

실험하기

1 단계

먼저 페트병에 식초를 붓고 잠깐 두세요.

2 단계

풍선 안에 베이킹 소다를 조심히 넣어 주세요.

3 단계

이제 풍선에서 베이킹 소다가 페트병 속으로 흘러들지 않게 조심하면서, 페트병에서 공기가 빠져나가지 못하게 입구에 풍선을 잘 씌워 주세요.

이 실험의 다른 방법

이 실험은 페트병 말고 다른 그릇 안에서도 할 수 있어요. 베이킹 소다와 식초의 양을 늘리면 과학 수업 시간에 화산도 만들 수 있어요. 분화구에 베이킹 소다를 부으면 용암처럼 엄청난 거품이 생기거든요. 단, 사방으로 아주 많이 나오니까 조심하세요!

과학적 호기심

우주 비행사는 우주에서 트림할 수 없다는 사실을 알고 있나요? 맞아요, 무중력 상태에서는 위장에서 가스와 액체가 분리되지 않기 때문에 트림이 안 나와요.

통통 튀는 달걀

놀라운 결과
- 달걀이 고무공처럼 변할 거예요. 거짓말 같겠지만, 진짜예요.

준비물
- 날달걀 1개
- 뚜껑이 있는 큰 그릇 1개
- 식초 1병
- 48시간 기다리기

실험하기

1 단계

먼저 달걀을 그릇에 넣어 주세요.

2 단계

달걀이 완전히 잠기도록 식초를 가득 부어 주세요.

3 단계

뚜껑을 닫아 주세요.

4 단계

48시간 기다려 주세요. 그릇이 투명하다면 식초가 달걀 껍데기에 무슨 일을 일으키는지 볼 수 있을 거예요.

과학적 조언

실험에 알맞은 옷을 입는 게 중요해요. 손으로 직접 만지지 않도록 장갑과 가운, 보호안경, 도구도 준비하세요.

5 단계

48시간 후, 그릇에서 달걀을 꺼내 물에 조심히 씻어 주세요.

6 단계

관찰 내용 :
1. 달걀 껍데기가 사라져요.
2. 달걀 크기가 전보다 커져요.
3. 달걀이 고무처럼 변해요.

직접 만져 보면, 말랑말랑해진 걸 확인할 수 있을 거예요. 아주 낮은 높이에서 천천히 떨어뜨리면 **통통 튀어요**. 물론 달걀 안에는 여전히 노른자가 들어 있어요.

왜 이런 일이 생길까요?

껍데기가 사라짐:
달걀 껍데기는 식초와 만나면 화학 반응을 일으켜요. 이산화탄소가 생기고(작은 거품들이 나와요), 껍데기에서 칼슘 입자가 빠져나와요.

크기가 커짐:
식초 물이 달걀 안으로 들어가요. 달걀에는 투과성(한쪽에서 다른 쪽으로 이동하는 것) 막이 있어서 노른자는 보호하면서 물만 흡수하거든요.

고무로 변함:
달걀을 기름에 넣고 달걀부침을 할 때와 똑같은 일이 일어나는 거예요. 식초의 산성 성분이 똑같은 반응을 일으키는데, 이번엔 좀 더 말랑말랑해져요.

즉석 얼음

놀라운 결과
◎ 액체가 순식간에 고체로 변해요! 불가능하다고 생각할 수도 있겠지만, 어른들의 도움을 조금만 받으면 직접 눈으로 확인할 수 있어요!

준비물
◎ 아세트산 나트륨 150g(DIY 상점이나 과학 교구 판매점에서 살 수 있어요. 이름이 좀 낯설겠지만 식품 첨가물로 몸에 전혀 해롭지 않아요.)
◎ 증류수 50ml (예: 다림질에 사용되는 물)
◎ 불에 사용할 수 있는 그릇 2개
◎ 불(가열에 사용)
◎ 식히는 시간(2시간)

중요!
이 실험에서는 불로 혼합물을 가열해야 해요. 어른들의 도움이 필요하죠.

실험하기

1 단계

먼저 그릇 하나에 물을 넣고 끓여 주세요.

2 단계

물이 끓기 시작하면 불을 낮추세요. 그리고 아세트산 나트륨을 넣고 완전히 녹을 때까지 살살 저어 주세요.

3 단계

이제 혼합물을 깨끗한 그릇에 따르되, 그릇 벽에 튀지 않게 조심하세요. 튀었다면 휴지로 붙어 있는 혼합물을 깨끗하게 닦아 내세요. 혼합물이 한 방울이라도 그릇에 달라붙어 있으면, 예상 시간 전에 즉석 얼음이 될 수 있거든요.*

* 불 또는 매우 뜨거운 물질을 사용하는 과정은 어른들과 꼭 함께 하세요.

4 단계

그런 다음 냉장고에 2시간 넣어 두세요.

과학적 호기심

1607년에 갈릴레오가 온도계를 발명했어요. 물론 이것은 과학계의 엄청난 혁명이지만, 가정생활의 혁명이기도 해요. 덕분에 몸에 얼마나 열이 있는지, 밖이 얼마나 추운지 알 수 있게 되었으니까요.

5 단계

이제 신기한 일이 벌어질 거예요. 혼합물을 냉장고에서 꺼내서 바닥에 조금씩 부어 보세요. 물이 딱딱한 얼음으로 변하는 과정을 눈앞에서 보게 될 거예요.

왜 이런 일이 생길까요?

이 실험에서 벌어지는 현상을 '**결정화**'라고 해요. 액체가 고체로 변하는 거죠. 아세트산 나트륨은 결정체예요. 이것을 끓는 물에 넣으면 액체로 변해요. 하지만 냉장고에 넣으면 곧바로 식으면서 입자들이 결정체가 될 거예요. 하지만 완전한 결정체가 되기 전에는 어지러운 '멀미' 상태라고 볼 수 있어요. 그 변화가 너무 갑작스럽기 때문이죠. 따라서, 이것은 결정화되기 직전의 '액체' 상태라고 볼 수 있어요. 그런데 그것을 냉장고에서 꺼내 바닥에 부으면, 결정화 과정이 빠르게 일어나게 돼요. 그리고 입자 중 하나가 결정화되면 나머지는 폭포처럼 서로 엉겨 붙죠.

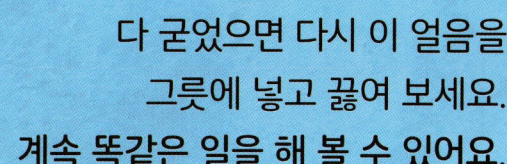

6 단계

다 굳었으면 다시 이 얼음을 그릇에 넣고 끓여 보세요. 계속 똑같은 일을 해 볼 수 있어요.

색색의 바다

놀라운 결과
◎ 여러 색깔을 더해 보세요. 눈앞에 아주 멋진 바다가 펼쳐질 거예요.

준비물
◎ 우유(전지유) 1컵
◎ 움푹 파인 그릇 1개
◎ 노란색 액체 식용 색소*
◎ 파란색 액체 식용 색소
◎ 빨간색 액체 식용 색소
◎ 액체 세제 조금

* 식품점, 슈퍼마켓, 제과 제빵 재료 판매점, 온라인 쇼핑몰에서도 액체 식용 색소를 구할 수 있어요.

실험하기

1 단계

먼저 그릇에 우유를 담아 주세요.

2 단계

우유 위에 색깔을 나눠서 색소를 조금씩 부어 주세요.

3 단계

이제 중간에 세제를 한 방울 떨어뜨려 주세요.
우유는 색색의 바다가 되어 춤을 추고,
아름다운 모양을 만들 거예요.
만약 움직이지 않으면 세제를 더 떨어뜨려
보세요. 더 넣을수록 다른 모양이 생길
거예요.

4 단계

물론 탈지유로도 할 수 있어요. 우유에 지방이 적어서 모양이 변하는 것을 볼 수 있어요.

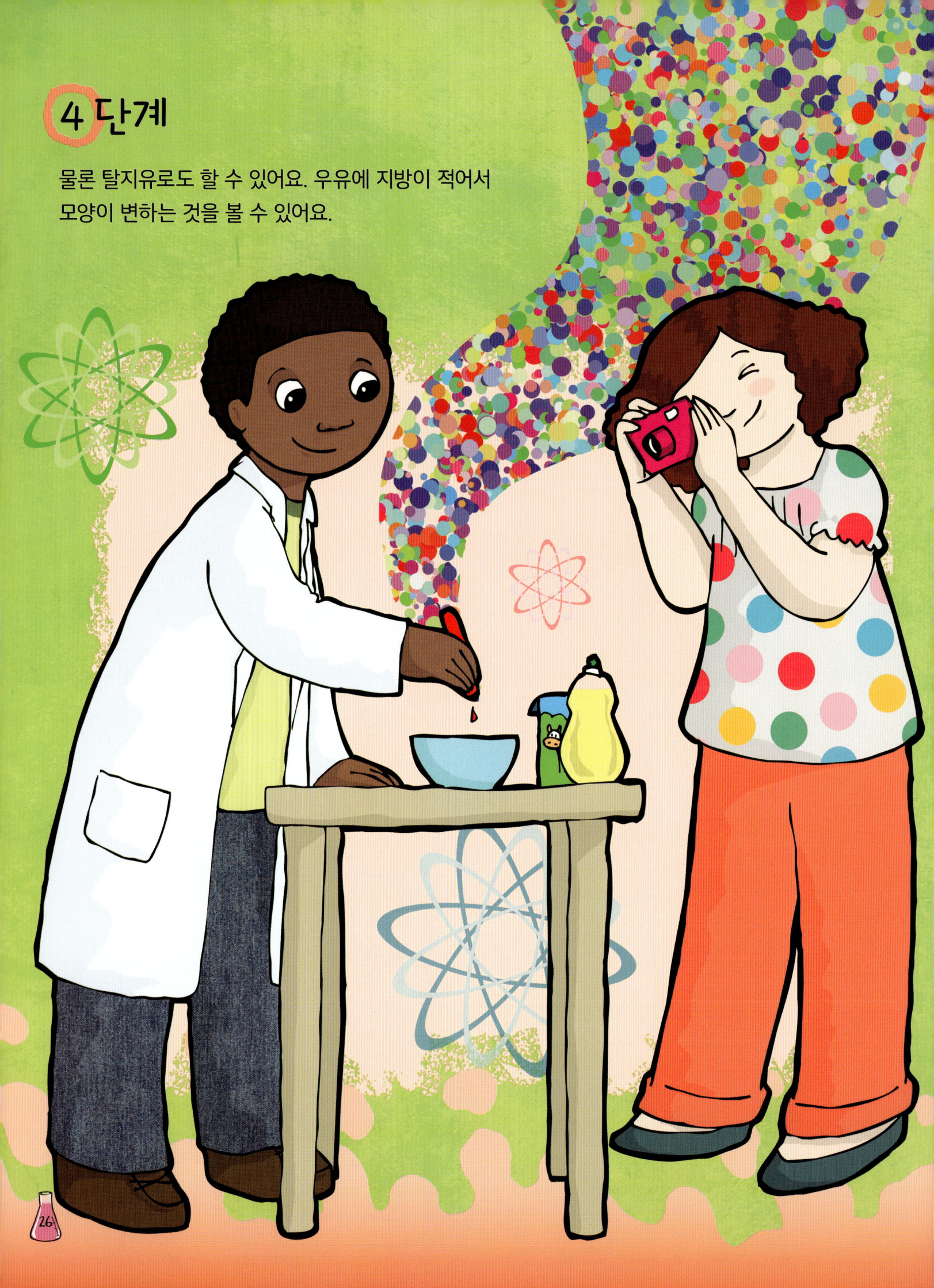

왜 이런 일이 생길까요?

우리는 세제가 기름과 '반대로' 작용한다고 알고 있어요. 하지만 그건 완전히 그런 건 아니에요. 사실 세제는 물(이 실험의 경우는 우유)과 기름이 잘 섞이도록 도와줘요. 기름은 물을 좋아하지 않아서 물에 녹지 않아요. 하지만, 세제 입자는 기름을 끌어당겨서 물에 더 잘 녹게 하고, '붙어 있던' 곳에서 떨어지게 하죠. 세제는 말 그대로 기름을 '납치'하는 거예요. 이러한 원리로 색소는 아주 다양한 모양을 만들어요. 여기에서 **색소는 이런 과정을 확실하게 볼 수 있도록 우유를 물들이는 역할을 해요.**

과학적 호기심

어떤 과학자들은 우주 비행복 같은 보호 장비를 갖춰야 해요. 독성이 높고 위험한 것들을 만지기 때문에 스스로 잘 보호해야 하거든요. 예를 들어, 전염성이 높고 치명적인 질병의 치료법을 찾는 과학자들은 꼭 보호 장비를 착용하죠.

며칠 만에 종유석 만들기

놀라운 결과
◎ 자연에서 종유석이 생기려면 수천 년이 걸리지만, 지금부터 며칠 만에 종유석을 만드는 방법을 알려 줄게요.

준비물
◎ 물이 담긴 투명 유리컵 2개
◎ 소금 20큰술
◎ 면실 60cm
◎ 너트 2개(무겁게 하는 용도)
◎ 작은 접시 1개(커피잔 받침 또는 디저트용)
◎ 인내심 조금

실험하기

1 단계

실 끝에 각각 너트를 묶어 주세요.

2 단계

각 물컵에 소금을 절반씩 넣고 섞어 주세요.
소금이 완전히 녹아야 해요. 소금이 과포화된
물이 필요하거든요.

3 단계

각 물컵에 너트를 하나씩 넣어서 실이 물에 잠기게 해 주세요.
두 컵을 연결하는 실 아래 접시를 놓아주세요.

4 단계

이제 기다리세요. 과포화된 소금물이 조금씩 실로 올라갈 거예요. 일주일 정도 기다리면, 소금물이 고체로 변하면서, **진짜 소금 종유석을 만들 거예요.**

왜 이런 일이 생길까요?

이것은 **모세관 현상** 때문이에요. 면실은 흡수성이 있어서 아주 짠 물을 빨아들여요. 소금물은 실을 타고 올라가다가, 밖으로 나오면 증발해요. 그렇게 소금물이 다시 고체가 되는 결정화가 일어날 거예요. 이런 식으로 작은 소금 결정은 동굴에서 처럼 종유석을 만들어요.

과학적 발견

세계에서 가장 큰 종유석은 헝가리(2.5m)와 쿠바(67m)에 있어요! 거의 육상 트랙 크기죠.

변덕스러운 잠수함

놀라운 결과
◎ 자기 마음대로 오르락내리락하는 잠수함이 나타날 거예요.

준비물
◎ 큰 투명 유리그릇(또는 유리 주전자) 1개
◎ 기름이 들어 있는 작은 유리컵 1개
◎ 물
◎ 96° 에틸알코올(상처 치료에 사용되는 알코올, 분명 집에 있을 거예요.)*
◎ 티스푼 또는 주사기 1개

▷ * 중요
알코올은 독성이 있어요. 직접 만지면 안 되니까 어른에게 도움을 요청하세요.

실험하기

1 단계

큰 유리그릇 안에 기름이 든 작은 유리컵을 조심히 넣어 주세요.

2 단계

큰 유리그릇 안에 알코올을 채워 주세요. 단, 작은 유리컵 안으로 떨어지지 않도록 조심하세요. 한쪽 벽을 따라 천천히 부으면 될 거예요. 물론 유리컵에 기름이 들어 있어야 해요.

3 단계

알코올이 기름이 든 유리컵 높이를 넘으면, 이제 티스푼이나 주사기로 유리그릇 안에 물을 조금씩 넣어 주세요. 단, 기름이 든 유리컵 안에 직접 떨어지지 않도록 조심하세요. 유리그릇 한쪽 벽으로 물을 흘려 주면 돼요.

4 단계

물이 충분히 차면, 기름이 천천히 올라오기 시작하면서 둥둥 뜰 거예요. 그 순간 핀셋을 사용해 안에 있는 유리컵을 조심히 꺼내세요. 단, 이 기름 '잠수함'은 건드리지 마세요.

과학적 호기심

실험을 거친 최초의 잠수함은 1860년에 탄생했어요. 처음 그것을 만든 사람은 이 일을 하는데 필요한 돈을 모을 수가 없었어요. 그 당시에는 너무 앞서간 계획이어서 결국 재산을 모두 잃고 죽음을 맞았죠. 이후 100년도 채 안 되어 그의 발견이 아주 유명해질 거라는 사실도 모른 채 말이죠.

5 단계

이제 그 기름을 위아래로 움직일 수도 있어요. 알코올을 다시 넣으면, 그 잠수함이 가라앉아요. 그리고 물을 부으면 다시 떠오를 거예요!

왜 이런 일이 생길까요?

기름과 물, 알코올은 모두 밀도가 달라요. 기름은 알코올보다 밀도가 크지만, 물보다는 작아요. 그래서 기름은 물 위에는 뜨지만, 알코올 밑으로 가라앉는 거예요.

물과 알코올의 양을 바꾸는 건 혼합물의 밀도를 바꾸는 거예요. 그래서 기름이 위아래로 움직이는 변덕스러운 잠수함처럼 보이는 거죠.

고체일까? 액체일까?

놀라운 결과
◎ 이 재료는 뭐가 먼지 모르겠어요! 돌 같기도 하고 물 같기도 해요!

준비물
◎ 그릇 1개
◎ 물 약간
◎ 옥수숫가루
◎ 숟가락 1개

실험하기

1 단계

그릇에 물을 조금 부어 주세요.

2 단계

그런 다음 옥수숫가루를 조금씩 넣어 주세요. 걸쭉한 죽이 될 때까지 숟가락으로 저어 주세요.

3 단계

이제 재미있는 일이 벌어질 거예요.
언뜻 보기에 이 걸쭉한 죽은 '액체'처럼 보이죠.
안에 숟가락을 조심스럽게 넣으면 가라앉거든요.
하지만…, 숟가락으로 물 표면을 치면 어떨까요?
탱탱한 고체 같을 거예요.

왜 이런 일이 생길까요?

물과 옥수숫가루(전분)를 섞으면 비뉴턴 유체(뉴턴의 점성 법칙, 응력과 무관한, 즉 일정한 점도를 따르지 않는 유체)가 만들어져요. 이것은 힘이 가해지는 정도에 따라 점도와 농도가 변해요. 사람들은 충격을 흡수하는 방탄조끼, 기타 직물 또는 보안 물체를 만들기 위해 이러한 유체를 연구하고 있어요.

과학적 호기심

세상에서 가장 밀도가 낮은 고체는 사람이 발명한 에어로젤(aerogel)이에요. 그것을 꽃잎에 올려도 꽃이 가라앉지 않을 정도로 밀도가 아주 낮죠. 물 1t을 담을 수 있는 에어로젤 용기의 무게가 160g밖에 안 돼요!

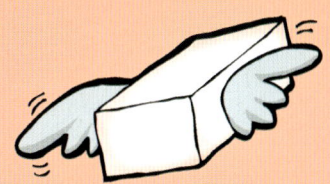

마법의 유리 숲

놀라운 결과
◎ 만일 집에 요정이 산다면, 작은 집을 지어줄 수 있는 아주 좋은 방법이 있어요. 분명 요정도 마음에 쏙 들어서 그 마법의 유리 숲으로 이사 올 거예요.

준비물
◎ 아세틸 살리실산(아스피린) 알약 1통*
◎ 200ml 용량의 깨끗하고 라벨 없는 투명 유리병 1개
◎ 물
◎ 엄청난 인내심

* 주의! 이 실험에는 어린이 손에 닿으면 안 되는 약물이 있으니 꼭 어른과 함께 하세요.

실험하기

1 단계

유리병에 물을 채워 주세요.

2 단계

물속에 알약 한 통을 넣어 주세요.

3 단계

이제 3~6개월 기다려 주세요!!
(기간은 습도와 물의 양에 따라 달라요.)
오래 걸리긴 하지만 분명 기다릴 만한 가치가 있는 실험이에요.
매일 아름다운 숲이 완성되는 과정을 지켜볼 수 있거든요.
인내심은 과학의 어머니랍니다.

▶ 4단계

물이 다 증발하면 거대한 눈송이로 뒤덮인 멋진 유리 숲이 생길 거예요. 정말 아름다워요.

왜 이런 일이 생길까요?

이미 앞의 실험에서 알아본 것처럼, 결정화는 물이 증발할 때 생기는 과정이에요. 아세틸 살리실산이 결정화되어 먼저 바늘 모양을 만들면서 아름다운 기하학적 모양이 생겨나죠.

과학적 호기심

산호초는 우리가 만든 유리 숲처럼 생겼어요. 산호는 살아 있는 생물이에요. 그래서 지구상에서 가장 큰 생명체를 꼽자면, 그 주인공은 길이가 2,000km가 넘는 호주의 그레이트 배리어 리프 (Great Barrier Reef)예요.

나만의 페인트

놀라운 결과
◎ 앞에서 '고체일까? 액체일까?' 실험을 살펴봤는데, 이제 옥수숫가루로 또 무엇을 할 수 있는지 똑똑히 지켜보세요. 나만의 핑거 페인트로 **색칠할 거예요!**

준비물
◎ 물 600ml (보통 컵으로 3컵 정도)
◎ 옥수숫가루 200ml (1컵)
◎ 식용 색소(가장 좋아하는 색)
◎ 물을 끓일 냄비
◎ 섞는 데 사용할 그릇

주의! 물을 끓여야 해요. 화상을 입을 수도 있으니 꼭 어른에게 부탁하세요.

실험하기

1 단계

먼저 옥수숫가루를 섞을 물 한 컵(약 150ml)을 따라 놓으세요. 그릇에 물 한 잔과 옥수숫가루를 넣고 섞어 주세요. 덩어리가 생기지 않도록 잘 저은 후 보관하세요.

2 단계

나머지 물(2컵)은 끓여 주세요.

3 단계

뜨거운 물을 보관해 둔 혼합물에 넣어 주세요.

4 단계

핑거 페인트의 질감이 될 때까지 잘 저어 주세요.

5 단계

마지막으로 반죽에 각자 좋아하는 색을 넣고 물들 때까지 잘 저어 주세요.*

* 다양한 색을 얻으려면 혼합물을 더 작은 용기에 나눠 담아 주세요. 물론 아주 큰 벽화를 그리고 싶다면 한 가지 색만 사용해도 되죠.

6 단계

식어서 차가워지면 이제 나만의 페인트가 생긴 거예요!

왜 이런 일이 생길까요?

분자 중에는 서로 '좋아해서' 함께 모이는 분자와 서로 싫어해서 분리되는 분자들(예: 기름과 물)이 있어요. 우리가 만든 핑거 페인트는 서로 좋아하는 분자들로 만들어요. 농도가 변할 때까지 옥수숫가루에 물과 식용 색소를 섞어 주는 거예요. 이 세 가지 재료가 모이면 **핑거 페인트**가 되죠.

알고 있었나요…?

비교적 최근에서야 연구원들은 표면을 칠하거나 예술 용도로 쓰이는 합성 페인트 만드는 공식을 발견했어요.

과학적 호기심

오랜 역사 동안 사람들은 페인트를 만들기 위해서 수많은 재료를 사용했어요. 숯과 피, 달걀노른자, 기름 등을 광물이나 동물성 물감(동물에서 얻어 내는 염료)에 섞었죠. 동굴 벽화에서 보이듯이 이 재료들은 수천 년 동안 지속되었어요. 그렇다면 우리가 만든 페인트는 얼마나 오래 갈까요?

요술 모래

놀라운 결과
◎ 물에 젖지 않는 모래를 만들어서 가지고 놀 거예요!

준비물
◎ 모래
◎ 오븐
◎ 방수 스프레이(가죽 신발 및 기타 물체가 물에 손상되는 것을 막기 위해 사용하는데 슈퍼마켓, 신발 가게 또는 신발을 고치는 곳에서 팔아요. 색깔 모래를 원하면 색깔 스프레이를 구하면 돼요.)

주의! 이 실험을 하려면 도와줄 어른이 꼭 필요해요.

실험하기

1 단계

모래는 수분을 많이 흡수하기 때문에, 가장 먼저 흡수된 물을 제거해야 해요. 오븐을 이용하면 돼요.

모래를 오븐에 넣을 때는 꼭 어른에게 부탁하세요. 온도는 100°C, 시간은 1시간으로 맞추세요.

2 단계

오븐에서 모래를 꺼내 달라고 어른에게 부탁하세요. 그리고 조금 식혀 주세요.

3 단계

모래가 아주 뜨겁지 않으면, 방수 스프레이를 뿌려 주세요. 방수 모래가 될 거예요.

4 단계

마를 때까지 또 기다리세요.

5 단계

말랐으면 다시 모래를 저어 주고 완전히 코팅될 때까지 스프레이를 더 뿌려 주세요.

6 단계

이제 마법의 모래를 가지고 놀 수 있어요!

확인해 보세요:

1. 모래에 물을 몇 방울 떨어뜨리고 무슨 일이 일어나는지 살펴보세요. 아마 물방울이 모래 위에 그대로 남아 있을 거예요.
2. 모래를 그릇에 담고, 물을 가득 부어 보세요. 그리고 손으로 모래를 꺼내 보세요. **말라 있죠!**
3. 투명한 그릇에 물을 채워 보세요. 마법의 모래를 조금씩 쏟아 보세요. 예쁜 모양이 생겨요!
4. 상상하는 대로 모양이 만들어질 거예요.

과학적 호기심

전 세계에 모래 알갱이가 몇 개나 있을까요? 가장 고운 모래 알갱이는 어른 손에 11,000,000개 정도 들어갈 수 있어요. 모든 사람이 그렇게 쥐고 있다고 상상해 보세요!

왜 이런 일이 생길까요?

모래는 물과 친해요. 하지만 모래에서 물을 다 빼고 스프레이로 코팅하면 모래는 **물 공포증**(문자 그대로 '물을 두려워한다'라는 뜻)을 갖게 돼요. 모래는 물을 **받아 주지 않죠**. 이것은 마치 비 올 때 젖지 않으려고 비옷을 입은 것처럼, 모래에 **비옷을 입힌** 거나 마찬가지예요!

준비물

방법 1
- 레몬 1개
- 종이
- 불이 들어오는 100w 전구(책상 스탠드)*
- 붓 1개(또는 손가락)

방법 2
- 물
- 베이킹 소다(요리용)
- 종이
- 포도 주스
- 면 또는 티슈

*주의! 켜진 전구는 뜨거우니까 꼭 조심하세요.

실험하기

방법 1

1 단계

레몬주스를 짜 주세요.

2 단계

레몬주스로 종이에 글자를 써 주세요.
(손가락, 붓 또는 원하는 대로 사용해요.)

3 단계

마를 때까지 기다려 주세요.

4 단계

종이를 켜진 전구 또는 다른 뜨거운 전구에 가져가면, 썼던 글자가 나타나요!

방법 2

1 단계

베이킹 소다를 물과 같은 비율로 잘 섞어 주세요.
(예: 베이킹 소다 한 컵과 물 한 컵)

2 단계

이 혼합물로 종이에 글자를 써 주세요.

3 단계

마를 때까지 기다려 주세요.

4 단계

비밀을 밝히기 위해서
종이 위에 포도즙을 흘려주세요.
(잘 적신 면 또는 티슈를 사용해요.)
그러면… 글자가 나타날 거예요.

과학적 호기심

인간이 글을 쓰기 시작하면서 암호도 생겨났어요.

전쟁 시기에 모든 나라는 과학자들을 통해 적의 메시지 속에서 비밀 코드를 밝히려고 애썼죠.

그리고 오늘날에는 암호 코드 덕분에 인터넷을 사용할 수 있어요.

왜 이런 일이 생길까요?

두 경우 모두 화학 반응 때문이에요. 물질 속에 들어 있는 산성 때문이죠.

레몬의 경우: 열에 가까워지면 레몬주스 속의 산성이 종이보다 훨씬 빨리 '타서' 마치 구운 것처럼 갈색으로 보여요.

베이킹 소다의 경우: 베이킹 소다가 포도즙 속의 산성과 반응하면 색이 다른 새로운 화합물이 생겨요.

실험하기

1 단계

먼저 빵으로 실험하세요.
그릇에 빵 조각을 넣어 주세요.
(많이 넣을 필요는 없어요.)

2 단계

물을 약간 넣어 주세요.
(몇 숟가락이면 충분해요.)

3 단계

이제 요오드팅크를 몇 방울
떨어뜨리고 섞어 주세요.

4 단계

무슨 일이 벌어졌나요?
갑자기 빵의 색깔이
갈색에서 파란색으로
바뀌었네요!!
이것은 빵에 전분이
많이 들어 있다는
뜻이에요.

불 없이 달걀부침 만들기

✱주의:
이 실험으로 만든 달걀부침은 먹을 수 없어요!!

놀라운 결과
◎ 불 없이 달걀부침을 만들어 볼 거예요. 어떻게 만들 수 있을까요?

준비물
◎ 바닥이 평평한 그릇 1개
◎ 96° 에틸알코올(상처를 치료하는 데 사용되며 약국에서 파는데, 혹시 집에 있는지 꼭 확인해 보세요.)✱
◎ 달걀 1개

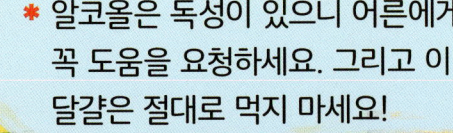

✱ 알코올은 독성이 있으니 어른에게 꼭 도움을 요청하세요. 그리고 이 달걀은 절대로 먹지 마세요!

실험하기

1 단계

그릇 바닥이 다 잠길 때까지 알코올을 부어 주세요.

2 단계

알코올 위에 달걀을 깨뜨리세요.

3 단계

달걀이 잠길 때까지 알코올을 부어 주세요.

4 단계

기다리세요. 몇 분 후 달걀의 색이 변하기 시작할 거예요.

5 단계

몇 시간 후에는 마치 프라이팬 위에 있는 달걀부침처럼 보일 거예요!

과학적 호기심

요리의 과학:

부엌에서는 많은 화학, 물리 과정을 배우고 관찰할 수 있어요.

- 물의 증발이나 구름 형성 과정(끓는 물)
- 물질의 밀도 차이(물과 기름)
- 튀기거나 삶을 때 화학 반응
- 산화(껍질을 벗길 때 '이상하게 변하는' 과일 색)
- 압력(압력솥)
- 응고 및 동결

'과학자의 눈'을 가진다면, 더 많은 것을 발견할 수 있을 거예요.

왜 이런 일이 생길까요?

달걀부침을 하거나 달걀을 알코올에 넣을 때 일어나는 현상은 **'변성'**이라는 화학 과정이에요. 달걀이 굳어지고 색이 바뀌죠. 자, 그럼 이제부터는 "오늘은 감자튀김이랑 변성 달걀을 만들어 볼게요!"라고 말할 수 있겠죠.

그리고 "과학자들은 이렇게 말하죠…!"라고 덧붙이면 돼요.

주의: 이 달걀은 절대 먹지 마세요!

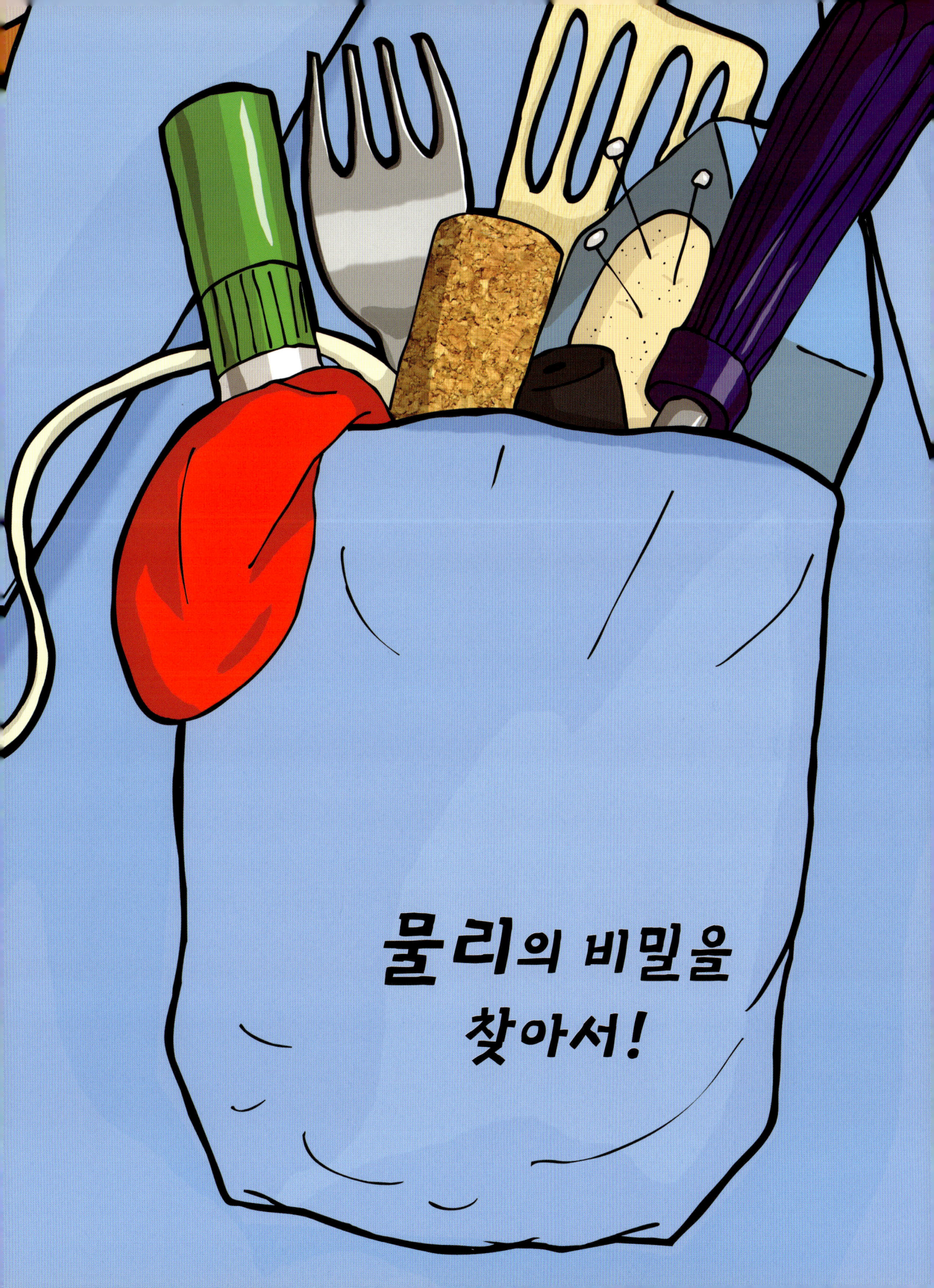

춤추는 국수

놀라운 결과
◎ 국수가 풍선 쪽으로 일어날 거예요. 그렇다고 살아 움직이는 건 아니에요. 다 정전기 때문이죠.

준비물
◎ 풍선 2개
◎ 스웨터 또는 털목도리
◎ 집에 있는 가장 가는 국수 4줄
◎ 종잇조각들

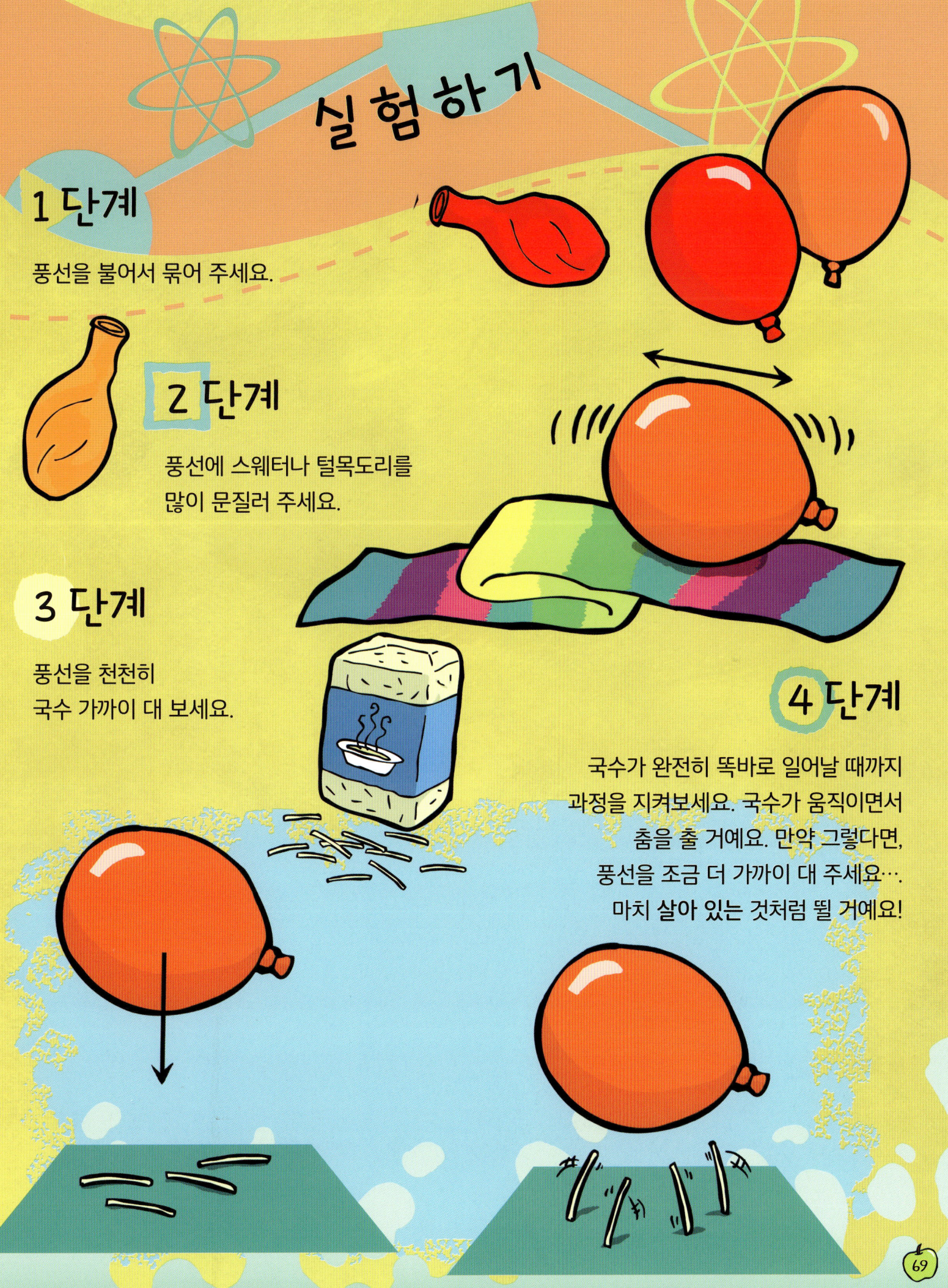

5 단계

종잇조각으로 해 볼 수도 있어요.
풍선이 어떻게 그것들을 끌어당기고 그것들이 풍선에 붙는지 지켜보세요.

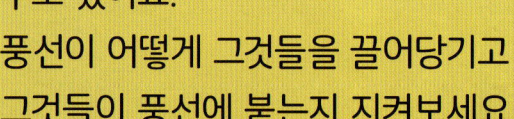

왜 이런 일이 생길까요?

혹시 우리 어린이 머리카락이 긴가요? 스웨터에 풍선을 문지른 후에 그 풍선을 머리카락에 가까이 대면, 실험 속 국수처럼 머리카락이 풍선을 따라 올라올 거예요. 겨울에 스웨터를 벗을 때도 이런 일이 생기죠.
모두 다 정전기 때문이에요. 스웨터에 풍선을 문지르면 음(-) 전하를 띤 전기가 가득해져요. 국수는 풍선의 음전하에 끌리죠. **정전기**는 자석처럼 작용하거든요. 여기에서 같은 전하는 서로를 밀어내고, 반대 전하는 서로를 끌어당겨요.

6 단계

이제 다른 풍선을 불어 주세요. 스웨터나 털목도리를 두 풍선에 문질러 주세요. 풍선을 서로 가까이 대 주세요… 그들은 끌어당기지 않고, 서로 밀어낼 거예요.

동전을 삼키는 빛

놀라운 결과
◎ 방금 보였는데 금방 또 안 보이네요. 왜 이런 일이 생길까요? 눈의 특징과 빛 때문이에요.

준비물
◎ 투명한 유리그릇 1개
◎ 동전 2개
◎ 물

4 단계

다시 그릇에 물을 채우고,
똑같이 옆쪽 유리를 통해 보세요.

5 단계

동전은 보기도 전에 이미 사라졌네요.
어떻게 이런 일이 가능할까요?

왜 이런 일이 생길까요?

이런 현상을 **굴절**(빛이 한 물질에서 다른 물질로 이동할 때 휘어서 꺾임)이라고 해요. 우리는 빛이 물체에 반사되어 눈까지 들어온 물체만 볼 수 있어요. 그릇 밖의 바닥에 동전을 놓았을 때, **동전이 눈에 보이지 않는 건, 빛이 굴절해서 눈까지 오지 않기 때문이에요.**

하지만 그릇 밖의 바닥에 동전을 놓고 옆면이 아닌 **위에서 보면,** 빛이 굴절하지 않기 때문에 **아주 잘 보일 거예요.**

과학적 호기심

지구(실험에서는 동전에 해당함)를 비추는 빛은 태양에서 나와요. 그 빛이 지구까지 오는 데 8분 17초 걸리며 그 거리는 약 149,600,000km예요.

병 속의 구름

놀라운 결과
◎ 집 안에서 떠다니는 구름을 만들 거예요. 어른의 도움을 받으면 병 안에 구름을 만들 수 있어요.

준비물
◎ 2L짜리 플라스틱병 1개
◎ 치료에 사용하는 96° 에틸알코올*(약국에서 파는데, 집에도 분명 있을 거예요.)
◎ 고무마개 1개(병 입구에 맞는 것)
◎ 송곳이나 드라이버 1개
◎ 수동 펌프 1개(자전거 바퀴 바람을 넣는 데 사용하는 것)

* 다시 말하지만, 알코올은 독성이 있어서 꼭 어른의 도움을 받아야 해요.

4단계

만들어 놓은 고무마개 구멍에 펌프를 꽂고 병에 공기를 넣어 주세요.

5단계

마개를 빼면, 곧바로 병 안에 구름이 만들어질 거예요.

왜 이런 일이 생길까요?

하늘의 구름은 응결 현상 때문에 생겨요. 태양열로 증발한 물은 증기 형태로 위로 올라가요. 그러다가 차가워지면 응결되어 구름을 만들죠. 그리고 비의 형태로 떨어져요. 물을 데우면 증기가 분명하게 눈에 보여요. 물을 오랫동안 끓이면 냄비에서 물이 사라질 거예요. **완전히 증발**하는 거예요. 이 실험에서는 알코올 가스와 펌프의 압력으로 구름이 응결되죠.

과학적 호기심

눈은 0°C 이하에서 구름에 포함된 물이 눈송이로 결정화될 때 생겨요. 하지만 우박은 구름이 갑자기 식어서 얼음덩어리를 만들 때 생기죠. 세계에서 가장 큰 우박은 1986년에 방글라데시에 떨어졌는데, 그 무게가 무려 1kg이었어요. 우리 근처에 떨어지지 않은 게 천만다행이죠!

구름 다음에... 비

놀라운 결과
◎ 비는 왜 올까요? 비는 어떻게 만들어질까요? 이 실험을 통해 알 수 있을 거예요.

준비물
◎ 투명한 그릇 2개(큰 그릇 1개와 작은 그릇 1개, 큰 그릇 안에 작은 그릇이 들어가야 해요.)
◎ 소금
◎ 식용 색소 조금
◎ 물
◎ 랩 또는 투명한 플라스틱 뚜껑
◎ 얼음 3조각

주의! 아주 뜨거운 물을 사용해야 하니까 꼭 어른의 도움을 받으세요.

실험하기

1 단계

큰 그릇에 소금과 식용 색소, 끓인 물을 넣어 주세요. 그런 다음 잘 섞어 주세요.

2 단계

그 안에 깨끗한 물이 담긴 작은 그릇을 넣어 주세요.

3 단계

랩이나 투명한 플라스틱 뚜껑으로 큰 용기를 막아 주세요.

4 단계

그리고 그 플라스틱 뚜껑 위에 얼음을 올려 주세요.

5 단계

이제 기다리세요. 뜨거운 물이 증발하고 몇 분 후, **비가 오기 시작할 거예요.** 그러나 작은 그릇에만 비가 내릴 거예요. 놀라운 일이 벌어져요! 원래 색소와 소금을 넣은 물인데, 내린 비는 깨끗하고 짜지도 않아요.

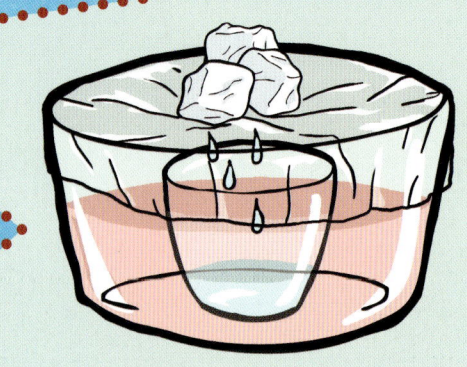

과학적 호기심

물방울과 빛:
빗방울이 구름에서 떨어지는 속도는 시속 28km예요. 초당 300,000km로 이동하는 빛과 비교하면 아주 느린 거죠!

아인슈타인은 우주 비행사가 빛의 속도보다 더 빨리 여행한다면, 떠나기 **전에** 여행에서 돌아올 거라고 했어요. 빛보다 빨리 여행한다는 건 시간을 거슬러 여행한다는 뜻이에요.

왜 이런 일이 생길까요?

이 실험에서는 **증발** 현상을 분명하게 볼 수 있어요. 끓는 물은 증발하고, 물이 위로 올라가면 뚜껑이라는 장애물을 만나 더는 올라갈 수가 없게 돼요. 지구에서 증발한 물도 똑같은 일을 겪어요. 위로 올라가면 압력과 온도가 달라지거든요. 그래서 뚜껑 위에 얼음을 올리면 **응결** 과정이 빨리 일어나요. 비처럼 떨어지는 물방울이 생기죠. 그리고 이 실험에서는 또 다른 현상이 나타나는데, 바로 **깨끗한 물**이 되는 거예요. 소금과 색소는 증발하지 않기 때문이거든요.

몇 개나 들어갈까?

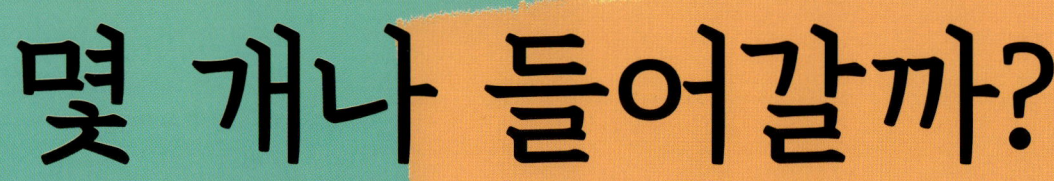

5

놀라운 결과
◎ 물이 가득한 컵 안에 옷핀이 몇 개나 들어갈 수 있을까요? 친구와 내기해서 꼭 이기세요. 왜냐하면…, 보통 생각하는 것보다 더 많이 들어가거든요!

준비물
◎ 집에 있는 옷핀 2~3상자(일반적으로 가장 큰 상자에는 핀 100~150개 들어 있어요), 많으면 많을수록 좋아요.
◎ 유리잔이나 유리컵 1개
◎ 물

왜 이런 일이 생길까요?

물체가 물에 잠기면 그 부피와 같은 양의 물을 밖으로 밀어내요.

그러면 핀은 어떻게 그렇게 많이 들어가는 걸까요? 핀은 아주 가벼워요. (실제로 물 위에 살짝 내려놓으면 뜰 거예요!) 그래서 핀을 하나씩 넣으면 물이 넘치지 않죠. 무게의 티가 거의 나지 않아서 물속에 '꽂는다'라고 말할 수 있을 정도예요.

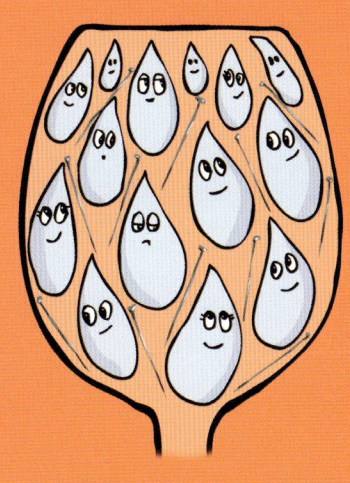

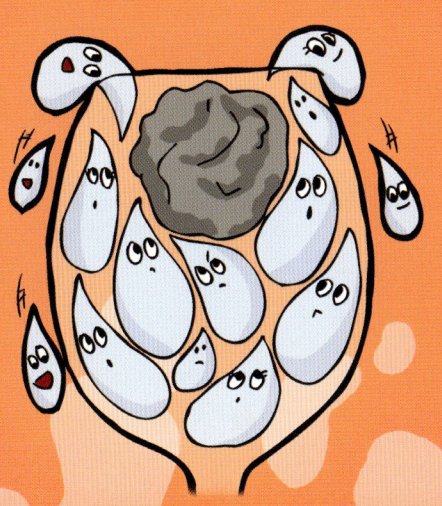

오른쪽부터 그리고 거꾸로

놀라운 결과
◎ 그림 위치가 바뀌는 건 마술일까요? 아니, 과학이에요!!

준비물
◎ 뚜껑 있는 원통 유리병(보관 용기)
◎ 물
◎ 종이 1장
◎ 3색 사인펜

실험하기

1 단계
종이에 도형을 그리고 세 가지 색으로 나누어 색칠해 보세요.

2 단계
유리병에 물을 채우고 뚜껑을 닫아 주세요.

3 단계
그린 종이를 벽에 세워 두세요.

4 단계

종이 앞에 유리병을 세워 주세요. 그리고 병을 가까이 했다가 멀리해 보세요. 유리병으로 그림을 들여다보면 위치가 바뀌어 있을 거예요! 위의 모양(색)이 아래로, 오른쪽 모양(색)이 왼쪽으로 보이죠. 만일, 병을 세로로 세우면, 좌우가 바뀔 거예요.
하지만 병을 가로로(뚜껑을 막고 눕히세요.) 놓으면,
위아래가 바뀔 거예요.

왜 이런 일이 생길까요?

그것은 빛의 특징 때문이에요. 병이 종이와 아주 가까우면 확대경(돋보기)이 되기 때문에 훨씬 더 크게 보이지만, 멀어지면 **모두 뒤집혀** 보일 거예요.

볼록렌즈는 가장자리보다 가운데가 두꺼워요. 그것은 아래 그림처럼 빛을 중앙으로 모아서 반대 방향으로 나가게 만들죠.

과학적 호기심

사실 우리 눈은 **볼록렌즈**예요. 병에서 일어나는 일이 우리 눈에서도 똑같이 일어나죠. **모두 뒤집혀 보여요.** 하지만 그림이 시신경을 통해 뇌에 도달하면 처리 과정이 일어나고, 뇌는 **원래 바른 위치로 그림을 밀어 넣어요!** 그래서 우리는 모든 것을 **순서대로** 볼 수 있는 거예요.

불가능한 균형

$$F = \frac{Gm_1 m_2}{r^2}$$

놀라운 결과
◎ 혼자 버티고, 균형을 잡고, 떨어지지 않고, 떠다니는 것처럼 보여요. 이게 다 무게 중심 때문이죠!

준비물
◎ 코르크 마개 1개(유리병을 막는 데 사용)
◎ 내용물(우유, 탄산음료, 물 등 모두 사용 가능)이 가득 들어 있는 병과 뚜껑
◎ 이쑤시개 1개
◎ 포크 2개

주의! 뾰족한 물체(이쑤시개와 포크)를 조심하세요. 어른들의 도움을 받는 게 더 좋아요.

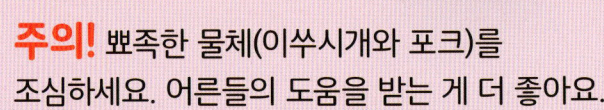

실험하기

1단계

먼저 이쑤시개를 코르크 마개 바닥에 꽂아 주세요.

2단계

그런 다음 포크 두 개도 코르크 마개 양옆에 똑같이 꽂아 주세요. 단, 마개 양옆의 거리가 같아야 해요.

3단계

마지막으로, 포크가 꽂힌 이쑤시개*를 병뚜껑 위에 올려서 균형을 잡아 보세요.

* 이쑤시개가 너무 뾰족하거나 길면 잘 버틸 수 있도록 끝을 조금 잘라도 돼요.

4단계

놀랍죠!
포크와 마개가 병 위에서 균형을 잡네요. 게다가 회전그네처럼 **포크를 회전시킬 수도 있어요.***

* 다른 재료로 이 실험을 할 수 있어요.
 예를 들어 이쑤시개 대신, 못이나 머리핀 2개를 이용할 수 있죠.
 조심! 더 뾰족한 재료를 사용할 때는 조심하세요. 꼭 어른에게 도움을 요청하세요.

왜 이런 일이 생길까요?

물체의 **무게 중심** 때문에 똑바로 세울 수 있는 거예요. 스파게티 생면 하나는 똑바로 세울 수 없어요. 하지만 면을 많이 모아서 묶으면 높이와 바닥 사이에 무게가 분산되어서 세울 수 있어요. 코르크 마개에 이쑤시개를 꽂고, 옆쪽에 포크 두 개를 꽂으면 **균형점이 바뀌어요.** 그래서, 마개는 이쑤시개 위에 있으면 양쪽으로 계속 '날고' 있는 거예요.

과학적 호기심

중력의 법칙 때문에 물건이 아래로 '떨어지고', 우리가 떠다니지 않고 지구에 '붙어' 있을 수 있어요. 하지만 우주에서는 인간의 무게를 끌어당기는 중력이 없어서, 우주 비행사는 무중력 상태로 살아야 해요. 그래서 매우 복잡하고 불편하죠. 항상 우주 속을 떠다녀야 하니까요.

할 수 있다? 없다?

놀라운 결과
◎ 풍선 불기는 신비한 일이 될 수도 있어요. 이 실험을 통해 확인해 볼 거예요.

준비물
◎ 2L짜리 플라스틱병 또는 물병(뚜껑 포함)
  병 바닥에 작은 구멍(손가락으로 덮을 수 있는 크기)을 내야 해요.*
◎ 풍선 1개
◎ 물

*** 주의!**
혼자 구멍을 뚫을 생각은 하지도 마세요!
드라이버나 송곳은 어른이 사용해야 해요.

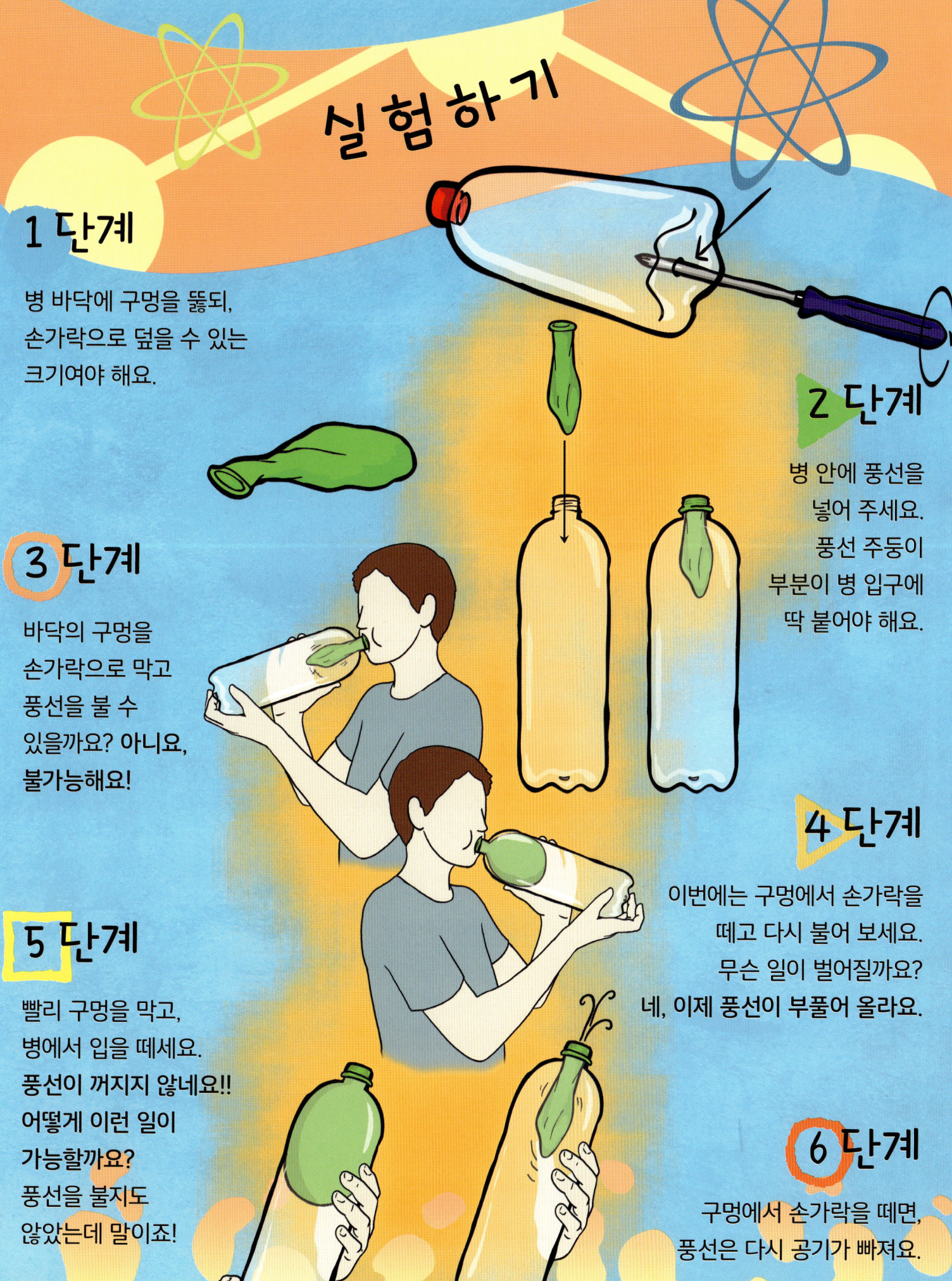

7 단계

이제 병에 물을 채워 보세요. 물론 구멍을 통해 물이 나오겠죠. 하지만, 뚜껑을 닫으면 어떻게 될까요? 물이 새지 않아요. 하지만 뚜껑을 빼면 즉시 물이 아래로 쏟아질 거예요.

과학적 호기심

공기는 지구를 둘러싸고 기압을 가해요. 그리고 '위쪽'으로 높이 올라갈수록 공기가 줄어들고 압력이 낮아져요.

우리는 압력 차이가 너무 크면 살 수가 없어요. 압력 차이로 공기가 폐로 들어가고, 거기에서 혈액으로 이동하거든요. 우리는 바닷속처럼 압력이 높은 곳에서 견딜 수 없지만, 압력이 아주 적은 곳에서도 힘든 건 마찬가지예요. 그래서 산악인들은 '고산병'을 앓아요. 산소가 혈액에 충분히 이동하지 못하거든요.

왜 이런 일이 생길까요?

병의 구멍을 막으면 병 안의 공기가 압축되어 풍선에 압력을 주기 때문에 풍선이 부풀 수가 없어요. 하지만 구멍에서 손을 떼면 탈출 밸브가 열려서 풍선이 부풀어 올라요.

그리고 일단 풍선이 부풀면 다시 구멍을 손가락으로 막아 보세요. 즉, 탈출 밸브를 막으면 병 내부의 기압이 올라가서 풍선에서 공기가 빠져나가지 못해요.

물을 넣었을 때도 똑같은 일이 벌어져요. 병의 뚜껑을 막으면 외부 기압이 물이 빠져나가는 것을 막아요. 마치 또 다른 뚜껑 역할을 하는 거죠.

제트 로켓

놀라운 결과
◎ 반작용 때문에 로켓이 발사대에서 튀어 나갈 거예요.

준비물
◎ 두꺼운 면이나 비슷한 소재의 긴 실
◎ 풍선 1개
◎ 플라스틱 관 2개(텅 빈 실패, 두꺼운 마커의 튜브 또는 집에 있는 비슷한 물체 사용 가능)
◎ 접착테이프

실험하기

1 단계

발사대 만들기:
플라스틱 관 2개를 그림처럼 붙여 주세요.

2 단계

플라스틱 관 한쪽에 풍선을 연결해 주세요.
반대쪽에서 풍선을 불 수 있어야 해요.

3 단계

풍선을 연결하지 않은
다른 플라스틱 관에는 실을
넣어 주세요.

4 단계

그리고 실 한쪽을 고정해 주세요.
로켓이 수평으로 날 수도 있지만,
가능하다면 세로로 고정하는 게 좋아요.
(예: 어른들께 옷장 꼭대기에 끈을 묶어
달라고 부탁하세요!) 고정할 때는
다른 사람이 실 끝을 잡고 있어야겠죠.

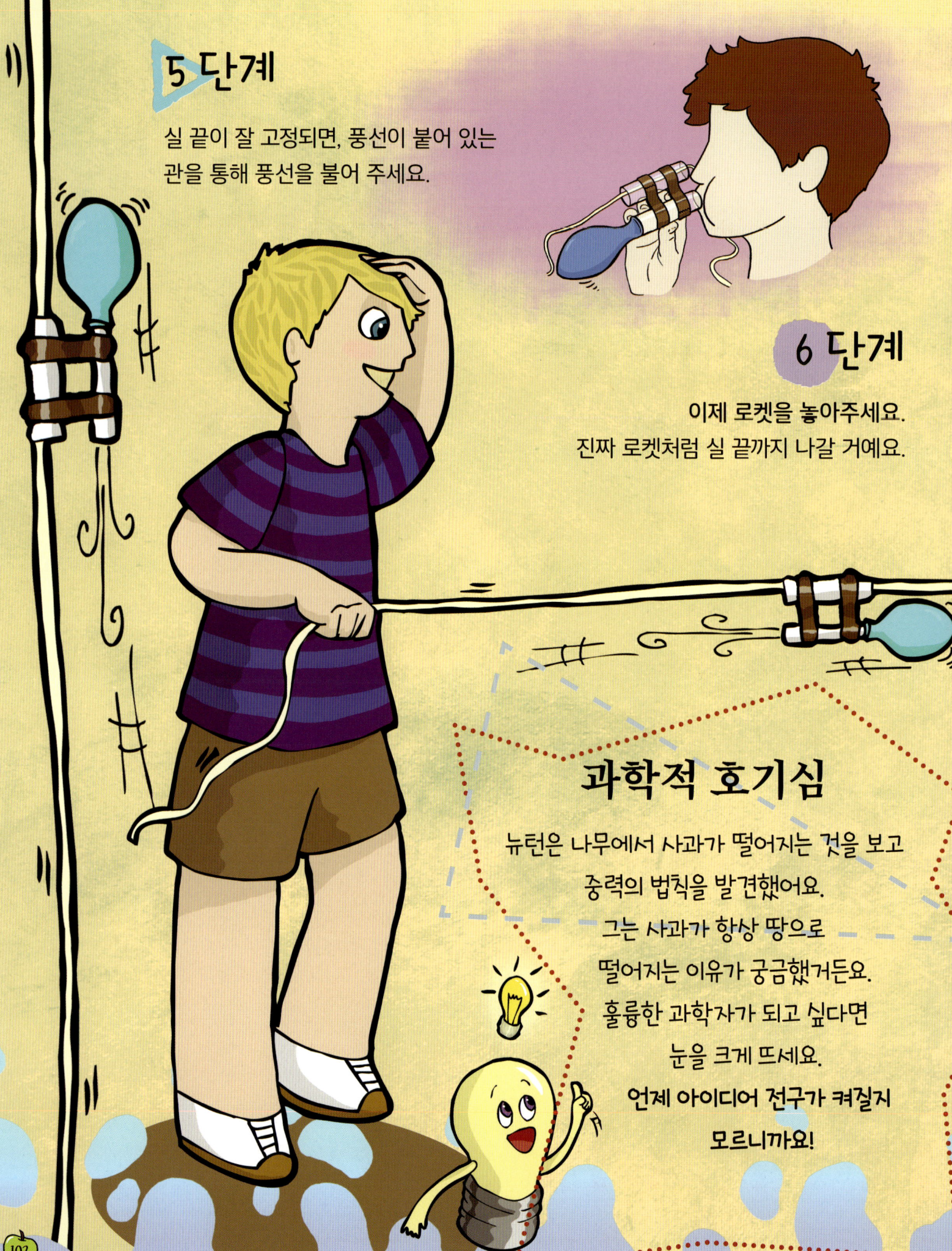

왜 이런 일이 생길까요?

이 풍선은 우주로 올라가는 진짜 로켓처럼 발사돼요. 단, 진짜 로켓은 훨씬 높이 올라가고 아주 무거워요. 엔진도 많이 달려 있고 발사대의 버티는 힘도 아주 크겠죠.

이 풍선에서 빠져나오는 공기는 반작용의 힘을 보여 줘요. 이 공기는 빠져나갈 때와 같은 힘과 속도로 풍선을 앞이나 위로 밀어 주거든요.

붙어 버린 막대

놀라운 결과
- 갑자기 컵에서 막대를 뽑을 수가 없어요.

준비물
- 마른 모래 또는 쌀
- 긴 플라스틱 컵
- 컵보다 더 긴 나무 막대(음식을 젓는 데 사용하는 나무 수저도 가능)

실험하기

1 단계

긴 플라스틱 컵에 막대를 넣어 주세요.

2 단계

여기에 쌀이나 모래를 채워 주세요.

3 단계

막대를 꺼내 보세요. 쉽게 빠질 거예요.

4 단계

다시 한번 해 볼 거예요. 먼저 모래를 꺼내고 1단계와 2단계를 반복해 보세요.

5 단계

이번에는 막대를 빼기 전에 손가락으로 컵의 옆쪽을 오랫동안 두드려 주세요. 모래(또는 쌀)가 어떻게 내려가는지 보일 거예요. 계속 부드럽게 두들겨 주세요.

6단계

이제 막대를 꺼내 보세요.
무슨 일이 벌어질까요?
막대를 빼면, 컵 전체가 따라 올라올 거예요….
막대가 빠지지 않죠!

과학적 호기심

영하 2°C 이하에서는 이 **재료가 촘촘히 채워지지 않으니까** 냉동실에는 넣지 마세요. 몹시 추운 날에 길에서 땅을 다지는 작업이 중단되는 것도 이런 이유 때문이에요.

왜 이런 일이 생길까요?

모래와 쌀은 압축이 되지 않는 비압축성 재료예요. **이 재료들은 나무 막대에 압력을 주지 않죠.**

하지만 옆쪽을 살살 두드리면, 이 재료들이 압축돼요. 재료들 사이의 공간이 사라지면, 이제 막대에 압력을 주게 되죠. 그래서 막대기를 뽑을 수 없는 거예요.

107

물이 올라오네...

놀라운 결과
◎ 촛불이 꺼지면 물이 올라와요.

준비물
◎ 물이 담긴 그릇 1개(가운데가 움푹 파인 접시 사용 가능)
◎ 식용 색소 또는 우유(꼭 필요한 건 아니지만, 물에 둘 중 하나를 섞으면 훨씬 관찰이 쉬워요.)
◎ 긴 원통형 유리컵 1개
◎ 양초 1개*

* 주의!
이 실험에서는 촛불을 켜야 하니까 꼭 어른의 도움을 받으세요.

실험하기

1 단계
움푹 파인 그릇에 물을 담고, 식용 색소가 있다면 원하는 색을 몇 방울 떨어뜨려 주세요.

2 단계
어른에게 초에 불을 붙여서 그릇 안에 넣어 달라고 부탁하세요.

3 단계
양초 위에 컵을 뒤집어 씌워 주세요.

4 단계
유리 안의 산소가 다 없어질 때까지 기다려 주세요.

5 단계

갑자기 촛불이 꺼질 거예요. 그리고 컵 안에 물이 솟아오를 거예요!!

과학적 호기심

불이 켜지려면 산소가 필요해요. 그렇지 않으면 연소가 일어나지 못하거든요. 따라서 공기가 부족한 꽉 막힌 장소에 갇혀 있을 때는 불이 공기를 빨리 없애기 때문에 불(라이터, 양초 등)을 켜지 말고 숨도 천천히 쉬는 게 좋아요.

왜 이런 일이 생길까요?

양초는 컵 안의 공기(공기는 기체예요.)를 뜨겁게 해서 내부 압력을 높여요.

촛불은 산소를 사용하기 때문에, 컵 안의 뜨거운 공기는 식게 되죠. 따라서 압력이 다시 낮아져요.

바깥쪽 공기는 압력의 균형을 맞추려고 물을 '밀어내요'. **그래서 물이 올라오는 거예요.**

추진 우주선

놀라운 결과
◎ 앞으로 나가는 장난감을 만들 거예요. 얼마나 재미있는지 몰라요!

준비물
◎ 사용하지 않는 CD 1개
◎ 접착제
◎ 여닫을 수 있는 꼭지가 달린 플라스틱 뚜껑(꼭지를 올리면 음료수가 나오고, 내리면 나오지 않는 뚜껑을 알 거예요.)*
◎ 풍선 1개

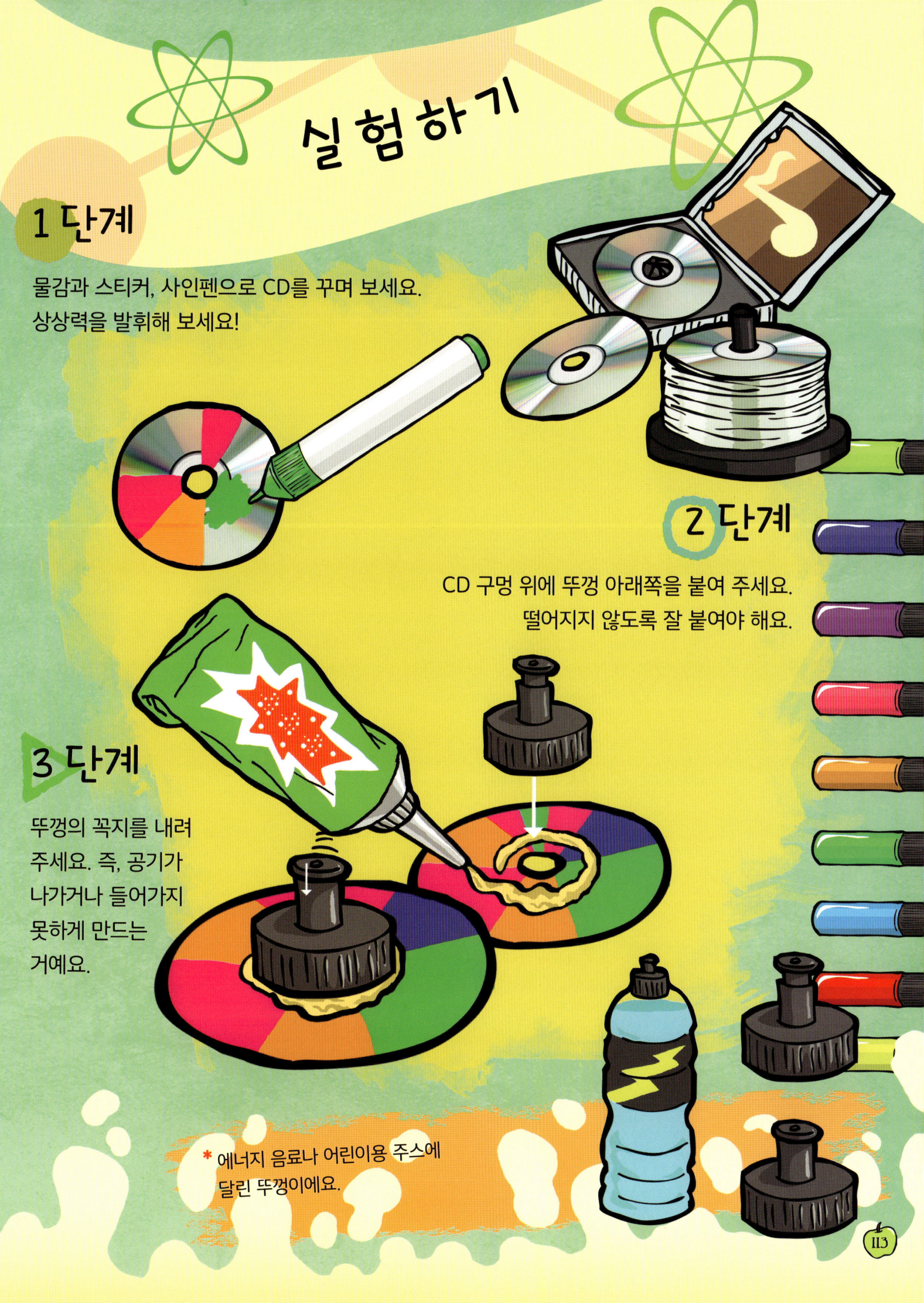

과학적 호기심

실제 우주선도 이런 방법으로 우주까지 간다는 걸 알고 있었나요?

물론 풍선보다 훨씬 더 많은 힘이 필요하겠죠. 지구의 대기권을 벗어나는 게 가장 힘들거든요. 그래서 우주선을 밀어 줄 수 있는 발사대를 사용해요. 일단 밖으로 나가면 더는 많은 힘은 필요하지 않아요. 실제로 에너지를 소비하지 않고 추진력으로 얻은 속도를 유지해요.

왜 이런 일이 생길까요?

발사대 실험 기억나죠? 여기에서도 비슷한 일이 일어나요. 공기가 뚜껑을 통해 빠져나갈 때, 이 우주선은 빠져나가는 것과 같은 힘을 받아서 위로 올라가죠.

이것이 바로 뉴턴의 제3법칙인 작용과 반작용의 법칙이에요. 한 물체(이 경우는 우주선)에 힘(풍선에서 나오는 공기)을 가하면, 크기는 같지만 반대(위로 올라가는) 방향으로 힘이 작용해요.

아마존 독자 리뷰

- 우리 아이는 과학실험을 좋아하는데 역시나 이 책에 열광한다. 설명도 잘 되어 있어서 실험하기가 쉽다.
- 책을 읽기 시작한 5세 아들이 아주 재미있어한다. 아이가 실험을 좋아하기 때문에 실험 방법도 꼼꼼하게 읽어보려고 한다. 강추!!!
- 6살, 3살 남매 모두 좋아한다. 비 오는 오후를 즐겁게 보내는 최고의 도구이다.
- 재미있고 놀라운 제안으로 가득 찬 책이다. 나는 아들과 여러 번 실험했고 그 결과를 보고 나 또한 놀랐다. 무엇보다 집에 있는 흔한 재료들로 하는 거라 더 좋다.
- 과학이나 만들기에 관심이 있는 아이들에게 매우 추천하는 책이다.
- 원리를 자세히 설명해 주기 때문에 과학에 호기심이 있는 아이라면 누구나 좋아할 것.
- 아들이 좋아하지만, 나도 너무 맘에 든다. 읽기 쉬워서 아이들의 흥미를 불러일으키기 충분하다.

세상에서 제일 놀라운
홈 실험책

초판 1쇄 인쇄 2021년 4월 23일
초판 1쇄 발행 2021년 4월 29일

글쓴이 마르 베네가스
그린이 크리스티나 데 코스-에스트라다
옮긴이 김유경
펴낸이 정성진

펴낸곳 (주)눈코입(레드스톤)
주소 경기도 고양시 일산동구 호수로 672, 대우메종리브르 611호
전화 031-913-0650
팩스 02-6455-0285
이메일 redstonekorea@gmail.com

ISBN 979-11-90872-12-6 77430

- 값은 뒤표지에 있습니다.
- 파본은 구입하신 서점에서 교환해 드립니다.

1000마리 공룡을 찾아라

천재들을 위한 공룡찾기 게임

(4~12세) 과학그림책 | 게임북
32쪽, 238×288mm, 양장본, 값 14,000원

수십 년 동안 공룡 마니아들의 열렬한 지지를 받아온 불멸의 1권!
화려한 그림 속에 공룡 1000마리가 숨어있다. 백악기의 하늘을 날던 익룡들, 해양 파충류들, 그리고 가장 거대한 쥐라기의 용각류들, 날카로운 이빨과 뿔, 단단한 갑옷으로 무장한 기상천외한 모습의 사나운 공룡들.... 누가 먼저 1000마리 공룡을 모두 찾아낼 수 있을까? 기기묘묘한 공룡들을 하나하나 찾아보며 그들에 관해 재미있게 배우는 놀이과학책.